COLLECTION

DE

TABLEAUX ANCIENS

ARRIVANT DE L'ÉTRANGER

EXPOSITION PUBLIQUE:

Le Mardi 17 Février 1874.

Me CHARLES PILLET
COMMISSAIRE-PRISEUR
10, rue de la Grange-Batelière.

MM. DHIOS ET GEORGE
EXPERTS
33, rue Lepelletier.

EXEMPLAIRE DE DHIOS

CATALOGUE

D'UNE COLLECTION

DE

TABLEAUX ANCIENS

DES ÉCOLES

Hollandaise, Flamande, Française & Italienne

Arrivant de l'étranger

DONT LA VENTE AURA LIEU

HOTEL DROUOT, SALLE N° 8

Le Mercredi 18 Février 1874,

A DEUX HEURES.

Par le ministère de M⁰ CHARLES PILLET, commissaire-priseur,
rue de la Grange-Batelière, 10,

Assisté de MM. DHIOS et GEORGE, Experts, 33, rue Lepeletier.

Chez lesquels se trouve le présent Catalogue.

EXPOSITION PUBLIQUE : *Le Mardi 17 Février 1874,*
De une heure à cinq heures.

CONDITIONS DE LA VENTE

Elle sera faite expressément au comptant.

Les acquéreurs payeront *cinq pour cent* en sus du prix d'adjudication.

Paris. Typ. Pillet fils aîné 5, rue des Grands-Augustins.

AVIS

Des cinquante-trois tableaux composant la collection qui sera mise en vente le 18 février, deux seulement, expédiés en grande vitesse, nous sont parvenus à ce jour. La date rapprochée de la vente ne nous permettant pas de différer plus longtemps l'impression du catalogue, nous sommes dans l'obligation de reproduire textuellement celui qui nous a été adressé par le propriétaire de la collection. Nous déclinons donc toute responsabilité quant aux attributions qu'il renferme, nous réservant d'émettre notre avis à cet égard, au moment de la mise sur table des tableaux.

Nous devons dire cependant que les deux tableaux qu'il nous a été donné d'examiner sont des œuvres de Platzer, hors ligne par l'importance de la composition et le précieux fini du pinceau.

8 Février 1874

DÉSIGNATION

TABLEAUX ANCIENS

BACKHUYSEN (Ludolf)

1 — Vue des côtes de Hollande.

A l'horizon, la ville d'Amsterdam : trois bateaux de pêche hollandais naviguent toutes voiles déployées ; des pêcheurs dans leurs barques retirent leurs filets avant d'atterrir. Au premier plan, sur une langue de terre, deux pêcheurs, ainsi qu'un seigneur et une dame en promenade.

Toile. Haut., 56 cent.; larg., 70 cent.

BOL (Ferdinand)

2 — Le Porte-étendard.

Peinture vigoureuse, dans la manière de Rembrandt.

Haut., 62 cent.; larg., 51 cent.

BOTH (JAN)

—3 — Pays montagneux traversé par une route qui mène à un défilé de rochers, en partie cachés par de grands arbres et des buissons.

Plusieurs figures animent cette route au premier plan : un voyageur se repose, un autre desserre les sangles de son cheval. Un homme conduit une mule sur laquelle est assise une dame élégante et lui fait franchir un ruisseau. Ils sont suivis par un homme portant une femme sur son dos.

Toile. Haut., 67 cent.; larg., 87 cent.

BOUCHER

—4 — Tête de fantaisie.

Pastel.

Haut., 41 cent.; larg., 30 cent.

CANALETTI (A.)

5 — Vue de Venise.

La douane et l'église dite la Madonna della Salute. Dans le lointain, l'Arsenal.

Haut. 30, larg., 1 m. 10

6 — **Vue du grand canal.**

> Le dôme du palais des doges dans l'éloignement.
> Quantité de figures et de gondoles.
> Pendant du précédent.

CANALETTI (ANTONIO DA)

7 — **La place Saint-Marc à Venise.**

> Avec les célèbres piliers, près desquels on aperçoit
> le canal.

> Haut., 23 cent.; larg., 40 cent.

8 — **La Place du marché.**

> Une partie du palais des doges et la Bourse.
> Pendant du précédent.

CUYP (ALBERT)

9 — **Portrait de Wilhem van de Velde.**

> En buste, costume noir, col plat rabattu.

> Bois. Haut., 59 cent.; larg., 48 cent.

DOLCI (CARLO)

10 — **L'Enfant Jésus.**

> Toile. Haut., 75 cent.; larg., 57 cent.

DU JARDIN (KAREL)

11 — Réunion galante.

De nombreux personnages sont assemblés sur une
terrasse, à l'extérieur d'une résidence princière. Les
uns se livrent aux plaisirs de la table, d'autres font de
la musique, d'autres encore écoutent la bonne aven-
ture dite par une bohémienne.

Toile. Haut., 54 cent.; larg., 61 cent.

FIELDING (COPLEY)

42 — Lac dans les montagnes.

Personnages dans une barque.

Bois. Haut., 29 cent.; larg., 40 cent.

FRAGONARD

13 — Jupiter séduit la nymphe Calisto.

Cuivre Haut., 24 cent.; larg., 35 cent

14 — Flore et Zéphire.

Pendant du précédent.

GAROFALO

15 — La Vierge et l'Enfant Jésus.

Luivre haut., 29 cent.; larg., 23 cent.

GOYEN (JAN VAN)

16 — **Canal de Hollande, avec de nombreuses figures de patineurs.**

A gauche, un vieux château et un moulin à vent.
Œuvre importante du maître, bel état de conservation.

Haut., 58 cent.; larg., 91 cent.

GOYEN (JAN VAN)

17 — **Paysage et animaux.**

Une femme trait une vache dans une prairie; à droite, un homme dans un bateau. Un clocher apparaît dans le lointain.

Bois. Haut., 29 cent.; larg., 39 cent.

GOYEN (JAN VAN)

18 — **Rivière avec barques.**

Bois Haut., 14 cent.; larg., 19 cent.

GREUZE (J.-B.)

19 — **Tête de jeune fille.**

De trois quarts, cheveux châtains relevés par un ruban bleu. Robe de même couleur.

Toile. Haut., 40 cent.; larg., 32 cent.

GREUZE

20 — Le Petit boudeur.

Toile. Haut., 41 cent.; larg., 32 cent.

GUARDI

21-22 — Ports de mer italiens avec ruines.

Deux pendants.

Bois. Haut., 21 cent.; larg., 32 cent.

HALS (FRANS)

23 — Homme d'armes.

Figure en buste.

Bois. Haut., 32 cent.; larg., 28 cent.

HENDRIKS (WYBRAND)

24 — La Consigne.

Un chien de chasse est préposé à la garde d'un trophée de gibier.

Haut., 1 m. 04 cent.; larg., 1 m. 08 cent.

HEUSCH (WILHEM DE)

25 — Site montagneux et boisé, arrosé par un torrent.

A gauche, un vieux pont que traversent des muletiers, des villageois, etc.

Toile. Haut., 80 cent.; larg., 1 m. 15 cent.

HEYDEN (JAN VAN DER)

26 — Canal de Hollande.

Vue intérieure de ville.

Bois. Haut., 23 cent.; larg., 31 cent.

HONDEKOETER

27 — Basse-cour.

Tableau important.

Haut., 1 m. 20 cent.; larg., 1 m. 50 cent.

LINGELBACH (JAN)

28 — Groupe de mendiants au repos, au bord d'une rivière.

Un homme conduit deux chevaux à l'abreuvoir, à droite, des jeunes gens jouent au carte.

Toile. Haut., 79 cent.; larg., 71 cent.

LORRAIN (CLAUDE)

29 — Paysage et animaux.

A droite, un bouquet de grands arbres au bord d'une rivière ; sur le premier plan, deux bergers et un troupeau de bœufs.

Cuivre Haut., 32 cent.; larg., 52 cent.

NEEFFS (PEETER)

30 — Intérieur d'une cathédrale.

Bois. Haut., 68 cent.; larg., 98 cent.

NEEFFS (PEETER)

31 — Intérieur d'une cathédrale, la nuit.

Procession aux flambeaux.

Bois. Haut., 24 cent.; larg., 32 cent.

NETSCHER

32 — Portrait équestre du prince Eugène.

Toile. Haut., 64 cent.; larg., 55 cent.

OCHTERVELT

33 — Scène d'intérieur.

Un homme, portant un élégant costume du temps
de Louis XIV, présente un verre de vin à une dame
hollandaise, assise sur une chaise, et vêtue d'une
pèlerine noire et d'une robe de satin.

Toile. Haut., 37 cent.; larg., 31 cent.

OCHTERVELT

34 — Intérieur.

Dame hollandaise écrivant.

Toile. Haut., 38 cent.; larg., 33 cent.

O'CONNOR

35 — Paysage et figures.

Toile. Haut., 34 cent.; larg., 44 cent.

OSTADE (J. VAN)

36 — Tabagie.

Bois. Haut., 31 cent.; larg., 42 cent.

PAOLO DA PISTOIA (FRA)

37 — La Vierge Marie, l'Enfant et saint Jean.

Un des rares tableaux de ce maître.

Haut., 45 cent.; larg., 30 cent.

PATER

38 — Scène pastorale, la danse.

Haut., 00 cent.; larg., 00 cent.

PLATZER

39 — La Nativité.

De nombreuses figures. anges et bergers en adora-
ration devant l'enfant Jésus, sont diversement groupées
dans cette importante composition, l'une des œuvres
de l'artiste les mieux réussies.

Cuivre, Haut., 55 cent.; larg., 77 cent.

40 — Descente de croix.

Multitude attristée. Pendant du précédent. Mêmes
dimensions.

PRINS

41 — Vue d'une ville de Hollande.

Haut., 45 cent.; larg., 60 cent.

RUYSDAEL (JACOB)

42 — Paysage.

Cabane entourée d'arbres. Des chasseurs traversent un champ.

Toile, Haut., 30 cent.; larg., 38 cent.

SASSO FERRATO

43 — Madone.

En buste, les mains jointes, les regards tournés vers le ciel. Voile blanc, tunique rose et manteau bleu.

Toile Haut., 70 cent.; larg., 58 cent.

STEEN (JAN)

44 — Intérieur de cabaret.

Un homme cause avec deux femmes dont l'une, debout, boit dans un verre de forme allongée. Au fond, d'autres personnages jouent au trictrac.

Bois. Haut., 40 cent.; larg., 54 cent.

TENIERS (DAVID)

45 — Intérieur flamand.

Huit personnages dont trois boivent et fument : les autres jouent aux cartes.

Belle qualité.

Bois, Haut., 35 cent.; larg., 30 mètre.

TENIERS (DAVID)

46 — Intérieur flamand.

Quatre personnages, fumeurs et buveurs.

Toile Haut., 27 cent.; larg., 37 cent.

TENIERS (DAVID)

47 — Scène d'intérieur.

Homme et femme en conversation dans une pièce basse; chien, poules, etc., etc.

Bois. Haut., 14 cent. larg., 20 cent.

TIEPOLO

48 — La Vierge et l'enfant Jésus.

Bois. Hauteur, 43 cent.; largeur, 40 cent.

TITIEN

49 — Sainte Famille.

Haut., 67 cent.; larg., 75 cent.

WEENINX

50 — Paysage et figures.

Un homme cause avec une amazone. Près d'eux un valet accouple des chiens.

Bois, Haut., 65 cent.; larg., 81 cent.

WOUWERMAN (PHILIPPE)

51 — Vue des dunes de Hollande.

Au centre, cours d'eau où s'abreuve un cheval gris. Plus loin, un cavalier et plusieurs personnages descendent un chemin montueux, qui conduit à une cabane dominant la composition.

Toile, Haut., 43 cent.; larg., 39 cent.

WYNANTS (JAN)

52 — Grand paysage.

Chasse au faucon. Sur le premier plan, troncs d'arbres, plantes grasses, chardons, papillons, etc.

Toile. Haut., 1 m. 20 cent.; larg., 1 m. 62 cent.

ZUCCARELLI

53 — Nymphe et petits satyres dans un paysage boisé.

Haut., 1 m.; larg., 1 m. 25 cent.

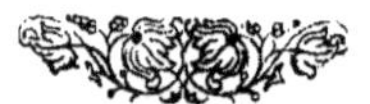